# BEI GRIN MACHT SICH IHR WISSEN BEZAHLT

AF144777

- Wir veröffentlichen Ihre Hausarbeit,
  Bachelor- und Masterarbeit

- Ihr eigenes eBook und Buch -
  weltweit in allen wichtigen Shops

- Verdienen Sie an jedem Verkauf

## Jetzt bei www.GRIN.com hochladen und kostenlos publizieren

**Bibliografische Information der Deutschen Nationalbibliothek:**

Die Deutsche Bibliothek verzeichnet diese Publikation in der Deutschen National-
bibliografie; detaillierte bibliografische Daten sind im Internet über http://dnb.d-
nb.de/ abrufbar.

**Impressum:**

Copyright © 2016 GRIN Verlag, Open Publishing GmbH
Druck und Bindung: Books on Demand GmbH, Norderstedt Germany
ISBN: 9783668383029

**Dieses Buch bei GRIN:**

http://www.grin.com/de/e-book/347009/bamf-zusatzqualifizierung-fuer-lehrkraefte-
in-integrationskursen

Svenja Heneka

# BAMF-Zusatzqualifizierung für Lehrkräfte in Integrationskursen

**Portfolio**

GRIN Verlag

**GRIN - Your knowledge has value**

Der GRIN Verlag publiziert seit 1998 wissenschaftliche Arbeiten von Studenten, Hochschullehrern und anderen Akademikern als eBook und gedrucktes Buch. Die Verlagswebsite www.grin.com ist die ideale Plattform zur Veröffentlichung von Hausarbeiten, Abschlussarbeiten, wissenschaftlichen Aufsätzen, Dissertationen und Fachbüchern.

**Besuchen Sie uns im Internet:**

http://www.grin.com/

http://www.facebook.com/grincom

http://www.twitter.com/grin_com

# Portfolio

## BAMF-Zusatzqualifizierung für Lehrkräfte in Integrationskursen

# II Die Teile des Portfolios – Hauptteil

*1. Arbeitsblatt/Unterrichtsfeinplanung*

<u>Zielgruppe:</u>

Die Zielgruppe ist ein heterogener Jugendintegrationskurs mit 12 Teilnehmern aus verschiedenen Herkunftsländern. Die Teilnehmer sind zwischen 19 und 24 Jahre alt. Es handelt sich um acht Männer und vier Frauen. Die Gruppe setzt sich folgendermaßen zusammen: Iran (2 TN), Irak (5 TN), Italien (2 TN), Syrien (3 TN). Das Sprachniveau der Teilnehmer ist A2. Alle Teilnehmer sind mit geringen Vorkenntnissen in den Kurs gekommen. Ebenso haben alle Teilnehmer mindestens acht Jahre Schulbildung genossen, ein Teil davon war im Heimatland als Student eingeschrieben. Bis auf einen Teilnehmer haben alle anderen Teilnehmer Fremd-sprachenkenntnisse in mindestens einer Fremdsprache. Knapp die Hälfte der Teilnehmer lebt noch in einer Asylunterkunft mit wenig bis kaum Privatsphäre. Alle Teilnehmer sind unverheiratet und haben keine Kinder. Durch die Lebensumstände ist die Lernsituation zuhause dennoch erschwert.

<u>Unterrichtsmaterial:</u>

Menschen (Hueber), Kursbuch, Band A 2.1 mit Lerner-DVD
Menschen (Hueber), Arbeitsbuch, Band A 2.1 mit Audio-CD
Menschen (Hueber), Lehrerhandbuch, Band A 2
Flip-Chart-Plakat
Realien: Thunfisch, Cola, Mehl, Chips, Gurken

<u>Seite:</u>

Kursbuch, Modul 2, Lektion 4: „Was darf es sein?", S. 24-28
Lehrerhandbuch, Unterrichtsplan Lektion 4, S. 39-45

<u>Lernziel/e:</u>

Der TN kann einen Einkauf mithilfe eines Einkaufszettels planen und Mengen- bzw. Verpackungsangaben machen und anderen von seinen Gewohnheiten berichten.

<u>Lerninhalte:</u>

Wortschatz: Lebensmittel, Verpackungen und Mengen/Gewichte, Einkaufen

## II  Die Teile des Portfolios – Hauptteil

| Lernziele | Lerninhalte | Unterrichts-phasen | TN-Aktivitäten/ KL-Aktivitäten | Sozial-formen | Materialien/ Medien | Methodische Hinweise | Zeit |
|---|---|---|---|---|---|---|---|
| Der TN kann Lebensmittel und Getränke benennen. | Wortschatz: Lebensmittel, Getränke | Einstieg/Vorent-lastung | - KL: „Lasst die Bücher bitte noch zu. Jeder nimmt einen Stift und ein Blatt. Bitte schreibt so viele Lebensmittel und Getränke auf, wie möglich. Mit Artikel. Ihr habt eine Minute Zeit."<br>- Die TN bereiten sich vor, die KL malt unterdessen einen Wortigel „Lebensmittel und Getränke" an die Tafel.<br>- Die KL bereitet die Stoppuhr vor und informiert die TN: „In der nächsten Minute schreibt ihr bitte alle Lebensmittel und Getränke auf, die euch einfallen."<br>- Auf das Zeichen der KL startet er die Stoppuhr und die TN beginnen zu schreiben. Mit dem akustischen Signal der Stoppuhr, wird der Stift beiseite gelegt. Dieser Vorgang ist den TN bekannt.<br>- Die KL bittet einen TN an die Tafel und lässt ihn seine Lebensmittel mit Artikel an den Wortigel schreiben, die anderen korrigieren ggf. und ergänzen. | EA/ PL | - Tafel<br>- Tafelstifte<br>- Stoppuhr | Reaktivierung Wortschatz „Lebensmittel" und „Getränke", Motivation der TN | 5 min. |
| Der TN kann Verpackungen benennen. | Wortfeld „Verpackungen und Lebensmittel" | Semantisierung I | - In der Zwischenzeit baut die KL eine Reihe an Realien auf:<br>  ○ Dose Thunfisch<br>  ○ Flasche Cola<br>  ○ Tüte Chips<br>  ○ Glas Gurken<br>  ○ Packung Mehl<br>- Dann bittet die KL die Teilnehmer die Lebensmittel zu benennen und fragt nach der Verpackung. Dabei beginnt die KL mit der Flasche, da die TN das Prinzip so am schnellsten verstehen: „Was ist das?" und „Worin ist die Cola?" Die genannten Beispiele schreibt die KL auf ein Plakat und | PL | - Realien: Thunfisch, Cola, Mehl, Chips, Gurken<br>- Plakat<br>- Tafelstifte | Semantisierung von Verpackungsbe-griffen durch Dinge zum Anfassen steigert die Motivation der Teilnehmer. | 7 min. |

3

| Feinziel | Inhalt | Phase | Verlauf | Sozialform | Medien | Didaktisch-methodischer Kommentar | Zeit |
|---|---|---|---|---|---|---|---|
| | | | markiert jeweils den Begriff der Verpackung farblich.<br>- Die KL fragt die TN, wann sie diese Begriffe brauchen. Wenn die TN den Begriff „Einkaufen" nennen, bittet die KL die TN ihre Bücher auf S. 25 zu öffnen. | | | | 15 min. |
| Der TN kann einen Einkaufszettel verstehen. | Wortschatz „Einkaufen" | Semantisierung II /Präsentation | - Die KL fordert die TN dazu auf, zunächst nur das Bild zu betrachten und die Situation zu beschreiben. Dazu stellt die KL Fragen zum Bild: „Wo ist der Mann?", „Was tut er?" etc. Die KL hilft bei unbekannten Begriffen, wie z.B. „Einkaufszettel" oder „Einkaufswagen".<br>- Dann fordert die KL die TN auf, den Einkaufszettel aus Übung 1 zu lesen. Unbekannte Begriffe werden mit Unterstützung der TN geklärt, indem die KL die Frage ans Plenum abgibt: „Wer weiß, was ‚xyz' ist?" Wenn kein TN den Begriff kennt, erläutert die KL und verweist auf das Bildlexikon auf S.26. Mengenangaben schreibt die KL auf das Plakat unter die Verpackungen. Neben die ausgeschriebene Mengenangabe notiert die KL die Abkürzung.<br>- Im Anschluss hören die TN das Hörbild. Nach dem ersten Hören stellt die KL ein paar Fragen: „Wo ist der Mann?", „Was ist sein Problem?", „Wen hört ihr noch?" etc. Da die TN wahrscheinlich nicht alles verstanden haben, hören sie das Hörbild ein zweites Mal.<br>- Die KL fordert die TN auf zu spekulieren: „Wer ist der Mann?", „Was glaubt ihr: Wie alt ist er?", „Was ist sein Beruf?", „Wer hat den Zettel geschrieben?", „Für wen kauft er ein?", „Für welche Mahlzeit kauft er ein?" etc. | PL | - Kursbuch, S. 25<br>- Hörbild 1-10 als mp3 auf dem Handy<br>- Lautsprecher/Boxen<br>- Plakat | - Die TN sollen durch die Rückfragen zum Bild und die offene Diskussion ihr Vorwissen und ihren Wortschatz zu diesem Thema einbringen.<br>- Die Hörübung fördert das Hörverstehen authentischer Gesprächssituationen.<br>- Die Spekulation dient der Ergebnissicherung und die TN können ihr persönliches Wissen einbringen. | |
| Der TN kann sein persönliches Einkaufsverhalten beschreiben. | - Wortschatz „Einkaufen"<br>- Präsens<br>- Adverbien der Häufigkeit<br>- Temporale Adverbien | Übung I/Transfer | - Die KL lässt 12 Kärtchen in drei Farben (rot, blau, grün) verteilen und schreibt parallel das Tafelbild an die Tafel (siehe Materialien).<br>- Die KL bittet die TN jeweils mit einem Satz die Fragen zu beantworten und auf das Kärtchen zu schreiben. Bitte schreibt die Antworten als Satz auf euer Kärtchen.<br>- Die KL unterstützt ggf. bei Rückfragen und | EA, GA | - Tafel | Anwendung und Festigung des Wortschatzes „Einkaufen" in einer Gesprächssituation. | 25 min. |

4

| | | | | | |
|---|---|---|---|---|---|
| | - Adjektive und ihre Negation: gern – nicht gern; satt – hungrig | | hängt in der Zwischenzeit in drei Ecken des Kursraums je ein buntes Kärtchen: in eine Ecke ein rotes, in eine andere Ecke ein blaues und in die dritte Ecke ein grünes.<br><br>- Wenn alle TN ihr Kärtchen beschriftet haben (max. 10 Minuten), finden sich die TN in farblich sortierten Gruppen zusammen. Dazu bittet die KL die TN aufzustehen: „Jetzt steht bitte auf und geht in die Ecke mit eurer Farbe".<br><br>- Wenn alle TN richtig stehen, fordert die KL die TN auf, sich in den Kleingruppen über ihr Einkaufsverhalten auszutauschen. Dafür haben die TN ca. 10 Minuten Zeit. Die KL geht von Gruppe zu Gruppe und hört zu.<br><br>- Die KL bittet die TN nach den 10 Minuten Diskussion wieder auf die Plätze und lässt die Gruppen die Ergebnisse zur Kontrolle kurz zusammenfassen. | | - Tafelstifte<br>- 15 Kärtchen in drei verschiedenen Farben | |
| Der Teilnehmer kann Verpackungen und Mengenangaben benennen und benutzen. | - Mengen-angaben<br>- Wortfeld „Verpack-ungen"<br>- Wortfeld „Lebens-mittel" | Übung II | - Die KL erinnert die TN an Ottos Problem mit dem Einkaufszettel. Dann bittet sie die TN sich die 4 Sätze aus Aufgabe 4a auf Seite 26 durchzulesen. Die TN lesen und im Anschluss werden unbekannte Begriffe im Plenum geklärt. Zu jedem Lebensmittel fragt die KL: „Wie schmeckt das?" oder „Welche Farbe hat das?" und notiert die Adjektive an der Tafel.<br><br>- Die KL gibt die Arbeitsanweisung zur Aufgabe: „Hört gut zu und kreuzt die richtigen Sätze an."<br><br>- Dann hören die TN die Höriübung zwei Mal und kreuzen an.<br><br>- Die KL bittet einen TN seine Ergebnisse vorzutragen.<br><br>- Dann bittet die KL die Listen in Teilaufgabe 4b zu lesen. Unbekannte Begriffe werden im Plenum geklärt.<br><br>- Danach erteilt die KL die Arbeitsanweisung: „Jetzt hört ihr 3 Gespräche im Supermarkt. Hört gut zu und kreuzt an, was die Leute kaufen. Schreibt bitte auch die Menge unter WIE VIEL dazu."<br><br>- Die TN hören jedes Gespräch zwei Mal und kreuzen an bzw. notieren die Menge. | EA/PL | - Kursbuch, S. 26<br>- Höriübung 1-11 als mp3 auf dem Handy<br>- Lautsprecher | Wiederholung von Adjektiven und Erweiterung des Wortschatzes „Lebensmittel"<br><br>Die Höriübungen fördern das selektive Hören. | 20 min. |

5

| Feinziel | Wortschatz / Grammatik | Übung | Verlauf | Sozialform | Medien | Didaktischer Kommentar | Zeit |
|---|---|---|---|---|---|---|---|
| | | | - Im Anschluss bittet die KL einen TN seine Ergebnisse für das erste Gespräch vorzulesen, dann einen anderen TN für das zweite Gespräch und einen dritten TN für das dritte Gespräch. <br> - Abschließend weist die KL auf den Merkkasten zu Mengenangaben hin und verweist gleichzeitig noch einmal auf das Plakat, das nun im Kursraum aufgehängt wird. | | | | |
| Der TN kann einen Einkaufszettel schreiben. | - Wortschatz „Lebens-mittel", „Verpack-ungen", „Mengen-angaben" <br> - Präsens <br> - | Übung II | - Die KL erklärt die nächste Aufgabe: „Wir machen eine Kursparty. Bitte überlegt mit eurem Partner: Welche Getränke brauchen wir? Welche Lebensmittel brauchen wir. Dazu schreibt bitte einen Einkaufszettel." <br> - Die KL schreibt die Fragen an die Tafel. <br> - Während die TN in Partnerarbeit einen Einkaufszettel für die Kursparty erstellen, geht die KL herum und unterstützt ggf. <br> - Nach 10 Minuten bittet die KL die TN zum Ende zu kommen. <br> - Die KL erklärt die Hausaufgabe: „Zuhause schreibt bitte jeder einen kurzen Text zu seinem Einkaufszettel." Zur Unterstützung und Vorentlastung gibt die KL an der Tafel folgende Punkte vor, die im Text vorkommen sollen: <br> Warum kaufst du ein? (Wir feiern eine Party) <br> Wo kaufst du ein? (Rewe, Aldi, Netto,...) <br> Welche Lebensmittel kaufst du ein? (5 Tüten Chips, ...) <br> Welche Getränke kaufst du ein? (6 Flaschen Cola, 1 Flasche Sekt,...) <br> - Die KL klärt eventuelle Rückfragen und stellt sicher, dass alle die Aufgabe verstanden haben. | PA/EA (HA) | - Tafel <br> - Tafelstifte | Einbettung des Gelernten in eine reale Situation. Die produktive Schreibaufgabe dient der Festigung des Wortschatzes „Verpackungen" und „Mengen" und gleichzeitig der Festigung und Wiederholung syntaktischer Strukturen. | 15 min. |

6

## II Die Teile des Portfolios – Hauptteil

*1. Arbeitsblatt/Analyse von Unterrichtsmaterial*

## Analyse von Unterrichtsmaterial

Sinn und Zweck des DaZ-Unterrichts ist es, den Teilnehmern möglichst schnell die nötigen kommunikativen Kompetenzen zu vermitteln, um in Deutschland in ihrem Alltag zurechtzukommen. Handlungsorientiertes Lernen ist für mein Empfinden einer der wichtigsten Aspekte unseres Unterrichts, da die gesamte Persönlichkeit der Lerner berücksichtigt wird. Die verschiedenen Lerntypen, individuelle verbale und nonverbale Äußerungen, besondere persönliche Fähigkeiten, aber auch Sach- und Weltwissen bereichern den Unterricht. Gerade neu Erlerntes kann sich in einem handlungsorientierten Unterricht besonders gut festigen, da verschiedene Kompetenzen angesprochen werden. Sprache wird unmittelbar erfahren und direkt sowie zweckmäßig angewandt. Anschaulichkeit, Alltagsbezogenheit und eine relativ konkrete Erfahrung der Wirklichkeit sind die Schlüssel zu einem erfolgreichen Spracherwerb bei Kindern, Jugendlichen, aber auch erwachsenen Menschen. Ein handlungsorientierter Unterricht fördert also nicht nur sprachliche Kompetenz, sondern auch soziale Kompetenzen und methodische Kompetenzen (z. B. Was tun, wenn mir Worte fehlen, mich auszudrücken?). Auch meine eigene Erfahrung zeigt, dass Lerninhalte, die direkt mit der Lebensrealität der Teilnehmer verknüpfbar sind, eine deutlich höhere Motivation zur Folge haben. Und je größer die Motivation und auch die Begeisterung der Lernenden ist, umso besser und nachhaltiger setzen sich neu gelernte Inhalte fest. Dazu kommt, dass ein „statischer", mechanischer Sprachunterricht nicht die gewünschten Ergebnisse zeigt und nicht auf ein Leben außerhalb des Unterrichtsraums vorbereitet. Fast alle „jüngeren", zugelassenen DaZ-Lehrwerke weisen eine starke Handlungsorientiertheit auf. Ich persönlich konnte bisher gute Erfahrungen mit der Reihe „Schritte Plus" und „Menschen" – beide im Hueber-Verlag erschienen – machen. „Menschen" weist jedoch eine noch stärkere Handlungsorientiertheit auf als Schritte, weshalb ich mich im Rahmen der Analyse auch für diese Reihe entschieden habe. Ebenfalls positiv hervorzuheben ist die Aktualität der Reihe „Menschen".

## Welche Angaben wurden im Lehrwerk gemacht zu:

a. Zielgruppe:

Die Reihe „Menschen" wurde speziell für junge Erwachsene und Erwachsene in Deutschland, Österreich und der Schweiz konzipiert. Der Verlag beschreibt es als Lehrwerk für „Anfänger"; es sind demnach keine Vorkenntnisse des Deutschen nötig. Die drei- bzw. sechsbändige Ausgabe orientiert sich am

Gemeinsamen Europäischen Referenzrahmen und bereitete die Teilnehmer auf die gängigen Prüfungen der Sprachniveaus A1-B1 vor.

b. Zielsetzung

Das Ziel der Reihe „Menschen" ist es, alltagsnahe Themen handlungs-orientiert und zielgruppengerecht aufzuarbeiten und die Teilnehmer so entsprechend des Gemeinsamen Europäischen Referenzrahmens auf die Prüfungen (z. B. DTZ, Deutschtest für Zuwanderer) vorzubereiten. Dabei wird ein kommunikativer Ansatz verfolgt. Jedes Kursbuch wird durch eine Lerner-DVD, auf der alle Kursbuchinhalte in digitaler und interaktiver Form verfügbar sind, ergänzt. Zusätzlich gibt es zu jedem Kursbuch ein Arbeitsbuch mit Audio-CD. Auf diese Weise stehen der Kursleitung und auch den Teilnehmern zahlreiche Variationsmöglichkeiten für einen abwechslungsreichen und realitätsnahen Unterricht zur Verfügung. Durch das große Angebot an Projekt-aufgaben und Inhalten, kann besonders auch das eigenständige Lernen gefördert werden.

c. Aufbau

Die Reihe ist als drei- oder sechsbändige Ausgabe erhältlich, mit deren Hilfe die Niveaustufen A 1 (A 1.1 und A 1.2), A 2 (A 2.1 und A 2.2) und B (B 1.1 und B1.2) erreicht werden. Diese Analyse bezieht sich auf die sechsbändige Ausgabe. Kurs- und Arbeitsbuch sind separat. Jeder Teilband des Kursbuches besteht aus 12 kurzen Lektionen, die in vier Module zu je drei Lektionen gegliedert sind. Zu jedem Modul sind noch einmal vier zusätzliche Seiten, bestehend aus einem Lesetext (Lesemagazin), einer Seite mit Übungen zu kleinen Kurzfilmen (Film-Stationen), einer Seite zum Thema Leben in Deutschland (Landeskunde) und einer kreativen Seite mit Lyrik, Tanz oder Musik (Ausklang) verfügbar. Diese zusätzlichen Materialien können optional genutzt werden und Lerninhalte des vorangegangenen Moduls alltagsnah noch einmal vertieft werden. Die einzelnen Lektionen sind immer gleich aufgebaut. Das Inhaltsverzeichnis ist klar strukturiert und hat in allen Teilbänden ein durchgängig einheitliches Farbsystem.
Zur Vorentlastung des Themas beginnt jede Lektion mit einer rezeptiven Übung in Form eines Bildes, meist in Kombination mit einer Hörübung. Zu Bild und Hörübung gibt es immer kleine Aufgaben, die mit der Lebensrealität der TN verknüpft sind. Auf dieser sogenannten Einstiegsseite finden sich in einem kleinen Kasten auch immer die Lernziele der Lektion. Das Thema der Lektion wird auf der folgenden Doppelseite vertieft. Dabei wird in Form eines Bildlexikons das neue Wortfeld erschlossen sowie die Strukturen und Redemittel mithilfe von Hör- und Leseübungen eingeführt und vertieft. Neue Strukturen werden induktiv vermittelt und häufig in farblich hervorgehobenen

Infokästen präsentiert, die teilweise auch ergänzt werden müssen. Auf der letzten Seite einer Lektion findet sich grundsätzlich immer eine handlungsorientierte Übung zu den Lerninhalten der Lektion und abschließend eine Übersicht der neu eingeführten Strukturen sowie Kommunikationsmittel in Form von Redemitteln und Chunks. Als Ergänzung gibt es sogenannte Aktionsseiten. Diese finden sich am Ende eines Kursbuches und bieten abwechslungsreiche und handlungsorientierte, oft spielerische Aufgaben für Partner- oder Gruppenarbeit. Sie ergänzen die Inhalte der einzelnen Lektionen.

Zu jeder Lektion gibt es eine Entsprechung im Arbeitsbuch, das sich ebenfalls in Module gliedert. Nach jedem Modul gibt es zu den Themenfeldern „Im Alltag", „In der Familie" und „Im Beruf" einzelne Seiten. Diese sind entweder als Lesetext oder Hörübung mit dazugehörigen Aufgaben aufgebaut.

Anschließend wir in den sogenannten Wiederholungsstationen noch einmal der gesamte Wortschatz des Moduls sowie die Grammatik in Form von Aufgaben über zwei Seiten abgefragt. Darauf folgt ein kleiner Abschnitt mit Ausspracheübungen und dann noch einmal eine zweiseitige Selbsteinschätzung, wo das Gelernte eigenständig wiederholt werden kann.

Die einzelnen Lektionen orientieren sich an den Lektionen im Kursbuch. So werden einführend immer zunächst nur Übungen zur Semantisierung und Festigung des Wortschatzes gestellt und dann die neuen Strukturen verfestigt. Auf der dritten Seite einer Lektion im Arbeitsbuch findet sich immer das sogenannte Basistraining. Hier werden Redemittel, Wortschatz und Strukturen in vielfältigen Übungen vertieft. Die vierte Seite ist immer ein sogenanntes Training. Hierbei wechselt der Schwerpunkt zwischen den vier Fertigkeiten Hören, Lesen, Sprechen und Schreiben. Dabei kommen authentische Textsorten, Realien oder interessante Sprech- bzw. Schreibanlässe zum Einsatz. Darauf folgt im Arbeitsbuch immer ein Selbst-Test, der immer gleich aufgebaut ist: Im ersten Teil wird der Wortschatz abgefragt, dann die neu gelernten Strukturen und zuletzt Redemittel. Abgeschlossen wird eine Lektion immer durch den aktiv zu lernenden Lernwortschatz der Lektion. Am Ende des Arbeitsbuchs findet sich eine übersichtliche Darstellung der behandelten Strukturen.

Das Lehrwerk hat einen stark kommunikativen und handlungsorientierten Ansatz. Die Sprechanlässe sind in einen interaktiven Rahmen eingebettet. Über rezeptive Übungen, die an ein Thema oder neue Strukturen heranführen, wird immer eine produktive Übung anvisiert. Grammatik wird zyklisch vermittelt, also zu einem bestimmten Zeitpunkt eingeführt und dann zu einem späteren Zeitpunkt noch einmal aufgegriffen und ggf. vertieft.

Im Lehrwerk finden sich verschiedene Übungstypen: Hörübungen, Zuordnungsübungen, Leseübungen, offene, halboffene und geschlossene Schreibübungen, offene und halboffene Sprechübungen. Sowohl Kurs- als auch

Arbeitsbuch bieten viele Möglichkeiten, einen anregenden und zu den Teilnehmern passenden Unterricht zu gestalten und dabei gleichzeitig den Lernenden die Möglichkeit zu geben, im Selbststudium Kenntnisse zu vertiefen.

Durch das umfassende Lehrerhandbuch zu jedem Teilband werden weitere Möglichkeiten und Alternativen geboten sowie zahlreiche Kopiervorlagen und fertige Modultests.

Zusammenfassend lässt sich sagen, dass die Reihe „Menschen" alle notwendigen Fertigkeitsbereiche abdeckt und ein breites Angebot an Übungen zum Hörverstehen, Leseverstehen, Wortschatz, Grammatik, Kommunikation und Schreiben bietet. Alles in Allem fördert die Lehrwerkreihe stark die kommunikativen Kompetenzen.

Die Gestaltung ist ansprechend und hat ein klares Farbsystem. So werden beispielsweise Artikel durch farbige Punkte im Bilderlexikon markiert, was in allen Lehrwerken beibehalten wird. Grammatik und Strukturen werden in übersichtlichen Tabellen in der Lektion und am Ende jeder Lektion abgebildet. Auch hier findet sich das Artikel-Punkte-System wieder. Redemittel und Chunks werden ebenfalls in farbigen Kästen hervorgehoben. Diese tauchen in den Lektionen an entsprechender Stelle auf und werden am Ende der Lektion noch einmal neben der Grammatik übersichtlich präsentiert.

Es finden sich sowohl im Arbeitsbuch als auch im Kursbuch auch immer wieder kleine Lern-Tipps für die Kursteilnehmer.

Zusätzlich zu den Teilbänden und dem Lehrerhandbuch sind weitere Materialien erhältlich.

Es gibt interaktive Kursbücher für Whiteboards und Beamer, Glossare zu den einzelnen Teilbänden in verschiedenen Sprachen und zusätzliche Testtrainer. Was nicht unerwähnt bleiben sollte ist die Tatsache, dass der Verlag ein breites Online-Angebot zu den Lehrwerken bietet. So gibt es die Möglichkeit auch einen virtuellen Unterrichtsraum einzurichten, zusätzliche Materialien herunterzuladen oder auf alle Audio-Dateien online zuzugreifen. Diese Online-Angebote sind auch für die Teilnehmer nutzbar.

d. Methodische Schwerpunkte

Zu den methodischen Schwerpunkten werden nur wenige explizite Angaben gemacht. Wie in allen zugelassenen Lehrwerken für den DaZ-Unterricht, finden sich aber auch in der Reihe „Menschen" die folgenden methodischen Schwerpunkte:

a. Zyklische Progression:
Neue Inhalte und Strukturen werden nach und nach eingeführt und dabei schrittweise in ihrer Komplexität erweitert. Dabei werden die alltäglichen

Situationen der Teilnehmer berücksichtigt und die erworbenen Strukturen, Redemittel, der Wortschatz etc. integriert. So wird bspw. das Wortfeld „Veranstaltungen" bereits in A 2.1 in Lektion 6 (Modul 2) behandelt und dabei temporale Präpositionen eingeführt, in A 2.2, Lektion 19 (Modul 7) wird das Wortfeld erweitert und es werden lokale Präpositionen eingeführt. Mit Strukturen wird genauso verfahren. So lernen die Teilnehmer bspw. in A 2.1 in Lektion 14 das Passiv im Präsens kennen, das Passiv im Präteritum und Perfekt dagegen erst in B 1.1, Lektion 22.

b. Binnendifferenzierung:
DaZ-Kurse sind in der Regel sehr heterogen. Die Teilnehmer stammen aus verschiedenen Ländern und sind soziokulturell unterschiedlich geprägt. Auch die bisherigen Lernerfahrungen der Teilnehmer sind sehr divergent: Einige wurden durchgehend beschult, andere hatten nur gelegentlich oder für weniger Jahre Zugang zu schulischer Bildung. Diese Unterschiede lassen sich auch auf den Sprachstand übertragen. Deshalb finden sich auch in der Reihe „Menschen" viele Übungen, um individuelle Fähigkeiten in den vier Fertigkeiten (Lesen, Schreiben, Hören, Sprechen) binnen-differenziert zu trainieren. Zahlreiche Anregungen und Tipps zu einer erfolgreichen Binnendifferenzierung finden sich in den Lehrerhandbüchern bereits in der Konzeptionsbeschreibung, aber auch in Form alternativer Aufgabenstellungen bei den einzelnen Übungen. Diese werden nicht gesondert angekündigt, sondern finden sich in der Feinplanung mit dem Hinweis „lerngewohnte/schnelle Teilnehmer können …" oder „lernunge-wohnte Teilnehmer können …". Doch bereits die Tipps in der Konzeptions-beschreibung sind sehr hilfreich. Hier wird Hilfestellung um Aufgaben-volumen gegeben (70 %-Regel), der zeitlichen Begrenzung von Aufgaben, der Förderung schneller/lerngewohnter Teilnehmer indem man sie bittet, ihre Ergebnisse an der Tafel zu verschriftlichen, dem zusätzlichen Aufgabenerstellen lerngewohnter Teilnehmer für andere lerngewohnte Teilnehmer, während die nicht so schnellen Teilnehmer noch an der eigentlichen Aufgabe sitzen, der Variation im Umfang der Sprach-produktion etc.
So gibt es zum Beispiel die Möglichkeit, dass lernungewohnte Teilnehmer bei der Sprachproduktion einfachere Aufgaben lösen (z. B. nur die neue Struktur formulieren), wogegen lerngewohnte Teilnehmer dazu aufgefordert werden, ganze Sätze mit der neuen Struktur zu formulieren. Oder ein weiteres Beispiel: Lerngewohnte Teilnehmer bearbeiten eine Aufgabe allein, lernungewohnte Teilnehmer in Partnerarbeit (z. B. A 2.1, Lektion 5, Aufgabe 4)

c. Sozialformen
In der Reihe „Menschen" finden die vier Sozialformen Anwendung: Einzelarbeit, Partnerarbeit, Gruppenarbeit und Plenum. Dabei bieten die Lehrwerke ausreichend Raum für die Kursleitung, die Sozialformen nach eigenem Ermessen einzusetzen. Im Lehrerhandbuch finden sich zu jeder Übung in einer gesonderten Spalte Empfehlungen für die Sozialform.

d. Handlungsorientierung
Wie bereits erwähnt, verfolgt die Reihe „Menschen" einen handlungsorientierten, kommunikativen Ansatz. In jeder Lektion finden sich Sprechanlässe und zahlreiche Übungen auf den Aktionsseiten, die eine alltagsnahe Kommunikation fördern. Die verwendeten Textsorten in den Bänden sind authentisch (E-Mails, Chats, Webseiten, Briefen, Wohnungs anzeigen) und auch die Themenwahl ist am Alltag der Teilnehmer angelehnt. Die Handlungsorientierung der Reihe zeigt sich auch in den vielfältigen Möglichkeiten zur Projekt- und Freiarbeit.

e. Lernerautonomie
Die induktive Vermittlung von Strukturen fördert die Lernerautonomie. Ebenso fördern die Wortschatz-Seiten im Arbeitsbuch, bei denen die neu gelernten Vokabeln in die eigene Muttersprache übersetzt werden müssen, das eigenständige Lernen. Aber auch in den Lektionen finden sich immer wieder Übungen in Form von Tabellen, bei denen Deutsch und Englisch teilweise vorgegeben sind und in einer dritten Spalte, die Struktur in der eigenen Sprache ergänzt werden soll (z. B. A 2.1, Lektion 1, S. 6, Aufgabe 3: Ergänzen Sie wie im Beispiel und vergleichen Sie). Ebenfalls sehr wertvoll zur Förderung der Lernerautonomie sind die Seiten „Selbsteinschätzung", die alle drei Lektionen den Abschluss eines Moduls im Arbeitsbuch bilden. Ebenso bietet der Hueber-Verlag unter www.hueber.de/menschen/lernen Portfolio-Seiten an, die im Unterricht eingesetzt werden können und von den Teilnehmern in einem Schnellhefter gesammelt werden können. Daneben finden sich im Arbeitsbuch auch immer wieder Lerntipps auf den Fertigkeiten- und Lernwortschatzseiten, die den Teilnehmern Hilfestellung geben. Zusätzlich bietet die Lerner-DVD, die jedem Kursbuch beiliegt, die Möglichkeit, zuhause eigenständig die Lektionsinhalte zu wiederholen.

f. Verschiedene Übungsformen zum Training der Fertigkeiten
In der Reihe „Menschen" kommen verschiedene Übungsformen zum Einsatz: rezeptive (Hör- und Leseverstehen), produktive (Sprechen und Schreiben/Kommunikation), rezeptiv-produktive (Übungen zur Entwicklung der Mitteilungsfähigkeit). Dabei werden alle vier Fertigkeiten trainiert sowie Wortschatz und Strukturen vertieft. Die Lehrwerksreihe bietet neben den

umfangreichen Kurs- und Arbeitsbüchern aufgrund zahlreichen Zusatz-
materials in Form von Aktionsseiten, Kopiervorlagen im Lehrerhandbuch
oder Zusatzmaterial von der Webseite des Verlags, Material für alle
Übungsformen.

g. Interkultureller Aspekt
Auch das interkulturelle Lernen wird in der Lehrwerksreihe gefördert. Viele
Übungen im Kursbuch fordern die Teilnehmer auf, landestypische
Besonderheiten und Erfahrungen (Essen, Einkaufen, Traditionen etc.)
auszutauschen.

5. Methodische Ansätze

Die Reihe „Menschen" verfolgt einen handlungsorientierten und kommu-
nikativen Ansatz. Alle Sprechanlässe sind interaktiv gestaltet und auf den
Alltag adaptierbar. Das zeigt sich auch an der Themenwahl, die sich sehr
alltagsnah gestaltet (Einkaufen, Essen und Trinken, Berufe, Im Restaurant,
Sport etc.). Die einzelnen Themen sind mit authentische Hörübungen und
Textsorten gestaltet. So finden sich als Textarten häufig auch E-Mails,
Chatverläufe, Webseiten-Kommentare, Briefe, Wohnungsanzeigen etc.
Im Fokus einer jeden Lektion steht die Kommunikation. Die Teilnehmer
werden aktiv dazu angeleitet, Vermutungen anzustellen (Ich glaube dass ...;
Ich glaube nicht, dass ... etc.), ihre Meinung zu äußern (Ich finde das gut/nicht
gut; Das gefällt mir/nicht, weil ...), Zufriedenheit bzw. Unzufriedenheit zu
äußern oder Informationen in bestimmten Lebenssituationen zu erfragen. Das
Erlernen neuer Strukturen rückt dabei in den Hintergrund und geschieht
„nebenbei" in kleinen Schritten (induktiv, zyklische Progression).
Es ist jedoch anzumerken, dass sich auch viele audiovisuelle Methoden
(Bilder, Zeichnungen, Hörbilder etc.) und ein interkultureller Ansatz bemerkbar
machen.

6. Welche Hinweise finden Sie zu dem von Ihnen gewählten Aspekt im Lehrwerk
und im Lehrerhandbuch?

Bereits die Konzeptionsbeschreibung der Reihe betont den handlungsorientierten
Schwerpunkt: „Menschen ist ein handlungsorientiertes Lehrwerk für Anfänger"
(Lehrerhandbuch, S. 4). Dabei greift das Lehrwerk neben der Orientierung am
Gemeinsamen Europäischen Referenzrahmen „zusätzliche Inhalte aus dem
aktuellen Leben in Deutschland, Österreich und der Schweiz auf" (ebd.). Bereits
der Aufbau der Lehrwerksreihe ist stark handlungsorientiert. Das zeigt sich zum
einen in der Auswahl der Themen, aber auch in ihrer methodischen Aufbereitung.
So gibt es zu jedem Einstieg in eine Lektion eine handlungsorientierte Aufgabe,
bei der die Teilnehmer zum aktiven Austausch angeregt werden. Sie sollen zum

Bild spekulieren, Meinungen äußern oder über eigene Erfahrungen berichten. Die folgende Doppelseite zur Vertiefung beinhaltet mindestens eine Übung, die auf die Aktionsseiten des Kursbuches verweist. Die Aufgaben ermöglichen eine „echte" Kommunikation im Kursraum zu authentischen Sprech- und Schreibanlässen. Hilfreiche Tipps zum Einsatz der Aktionsseiten finden sich im Lehrerhandbuch. Jede Lektion endet mit einer handlungsorientierten Aufgabe zum Sprechen, Schreiben oder einem kleinen Projekt. Dabei wird der Stoff der Lektion noch einmal aufgegriffen und in seiner Gesamtheit angewandt. In den Lektionen finden sich auch immer farblich hervorgehobene Info-Kästen mit authentischen Redemitteln, die direkt in den Übungen Anwendung finden sollen und können. Ein weiterer Hinweis auf den handlungsorientierten Ansatz der Reihe geben die Modul-Plus-Seiten. Das Lesemagazin beinhaltet authentische Texte und Aufgaben, die das Erschließen des Textes fördern. Die Seite „Projekt Landeskunde" bietet immer einen informativen Hintergrundtext mit Anregungen zu einem Projekt.

Im Lehrerhandbuch gibt es zu jeder Lektion eine umfangreiche Feinplanung des Unterrichts. Hierbei wird immer wieder vorgeschlagen, dass die Teilnehmer sich in Kleingruppen oder in Partnerarbeit zu bestimmten Themen nach dem Muster im Buch austauschen. Dieses Vorgehen ist prozessorientiert und fördert soziales Handeln, denn das gemeinsame Erarbeiten und Austauschen steht im Vordergrund. Ebenfalls wird die Kursleitung immer wieder dazu angeregt, die Teilnehmer direkt nach ihren Erfahrungen (aus der Heimat oder Deutschland), ihrer Meinung oder ihrer Einschätzung zu befragen. So wird das aktuelle Thema noch enger mit der Lebensrealität der Teilnehmer verknüpft. Das fördert die inhaltliche und kognitive Auseinandersetzung mit dem Thema, also ein ganzheitliches Lernen.

Auch die Ergänzung der Teilbände durch weitere Medien (DVD, Audio-CD, Webinhalte) ist ein Zeichen für den handlungsorientierten Ansatz, da eigenständiges Lernen gefördert wird.

## II Die Teile des Portfolios – Hauptteil

*3. Arbeitsblatt/Analyse von Unterrichtsmaterial*


## Analyse von Unterrichtsmaterial

Der von mir gewählte Aspekt des handlungsorientierten Lernens kommt, wie bereits im vorherigen Abschnitt erwähnt, in der gesamten Reihe stark zum Tragen und findet sich in jeder Lektion in vielfältigen Aufgaben. Exemplarisch habe ich im Folgenden aus drei Teilbänden zu zwei Niveaustufen (A 1 und A 2) je ein Beispiel herausgesucht, um diese Vielfältigkeit aufzuzeigen:

- Kursbuch A 1.2, Lektion 24, Übung 7: Mini-Projekt, S. 68
- Kursbuch A 2.1, Aktionsseite zu Lektion 7: Forum – Abnehmen. Geben Sie Ratschläge, S. 87
- Arbeitsbuch A 2.1, Modul 2: Im Alltag – Einen Streckenplan verstehen, S. 50

Die ausgewählte Aufgabe aus dem Teilband A 1.2. gehört zu Lektion 24 mit dem Wortfeld „Feste". Sie soll als Beispiel für die in jeder Lektion vorkommende Abschluss-Seite dienen, die jede Lektion mit einer handlungsorientierten Übung beendet. Die Teilnehmer haben in der Lektion bereits den nötigen Wortschatz zum Wortfeld erlernt und die Redemittel, um Wünsche zu äußern („Ich würde gern…", „Ich möchte gern…"). Im Rahmen dessen wurden der Konjunktiv II (Wünsche äußern mit „würde") und die Ordinalzahlen als neue Strukturen eingeführt. Aufgabe 7 ist die letzte Aufgabe der Lektion und ein sogenanntes Mini-Projekt. Die Teilnehmer sollen in Gruppen je ein Fest auswählen, das im deutschsprachigen Raum gefeiert wird und eigenständig im Internet Informationen dazu recherchieren. Zur Vorentlastung ist das Fest „Silvester" im Kursbuch vorgestellt. Anhand von 7 Fragen werden die relevanten Informationen zum Fest abgefragt. Die Teilnehmer sollen ihr Fest anhand dieses Fragebogens in Teilaufgabe a) vorbereiten und es in Teilaufgabe b) dann den anderen Gruppen präsentieren.

Diese Aufgabe ist ein typisches Beispiel für ein handlungsorientiertes Lernen. Zum einen wird in Gruppenarbeit die soziale Kompetenz gefördert, da es nötig ist, sich abzustimmen, zu planen, gemeinsam zu recherchieren und sich auf Ergebnisse zu einigen. Gleichzeitig sind die Teilnehmer dazu aufgefordert selbstständig Informationen im Internet zu recherchieren.

Um die Aufgabe vorzuentlasten wird im Lehrerhandbuch vorgeschlagen, Kärtchen mit den Namen von Festen vorzubereiten, wovon die Teilnehmer eines oder mehrere ziehen und dann in der Gruppe nach den Vorgaben im Kursbuch ein Plakat erstellen oder aber auch eine digitale Präsentation. Das vereinfacht die Themenfindung, die gerade bei lernungewohnten Teilnehmern viel Zeit in Anspruch nehmen kann.

Die zweite Teilaufgabe, die Präsentation, ist wiederum eine handlungsorientierte Aufgabe und dient gleichzeitig der Ergebnissicherung. Die Teilnehmer wechseln die Perspektive, denn sie werden für einen kurzen Moment Co-Lehrer und haben die Aufgabe, den anderen Teilnehmern eine Information zu vermitteln.

Als Beispiel für die Aktionsseiten, die es zu jeder Lektion in allen Teilbänden gibt, habe ich mich für eine Lektion der Niveaustufe A 2.1 entschieden. Aktionsseiten sind sehr vielseitig und enthalten häufig spielerische oder kreative Elemente (z. B. Würfelspiele wie für Lektion 1, S. 73 oder eine Landschaft anhand einer Beschreibung zeichnen in Lektion 3, S. 75). Das Thema der Lektion zur ausgewählten Aktionsseite ist „Wir könnten montags joggen gehen" zum Wortfeld „Sportarten". Als Redemittel werden in der Lektion Ratschläge geben bzw. Vorschläge machen („Du könntest...", „Du solltest...") und auch um Rat bitten („Welche Sportart soll ich machen?") am Beispiel des Wortfeldes „Sportarten" eingeführt. In dieser Lektion werden der Konjunktiv II zu „sollen" und „können" sowie temporale Adverbien bzw. die temporale Präposition „zwischen" als neue Strukturen eingeführt. Mit diesem Vorwissen sollen die Teilnehmer nun die Teilaufgaben a) und b) der Aktionsseite lösen. Es handelt sich um einen Lesetext einer authentischen Textsorte (Forenbeiträge) und dazu gibt es 4 vorentlastende Fragen zum Thema „Abnehmen". Diese können zuerst gelesen werden, was den Lesetext weiter vorentlastet. Dann lesen die Teilnehmer den Text allein. Im Anschluss beantworten sie die Fragen. In Teilaufgabe b) sollen die Teilnehmer in Partnerarbeit anhand vorgegebener Fragen konkrete Ratschläge formulieren. Diese Aktionsseite wird in der Lektion als letzte Übung der Doppelseite eingesetzt. In der vorangegangenen Übung 6 haben die Teilnehmer die Redemittel gelernt, um Ratschläge und Tipps zu geben bzw. darum zu bitten.

Neben dem Kursbuch bietet jedoch auch das Arbeitsbuch zahlreiche handlungsorientierte Aufgaben.

Auf jedes Basistraining folgt eine Seite Training mit dem Schwerpunkt Lesen, Schreiben, Hören oder Sprechen. Hier werden authentische Texte, Hörbeispiele, Realien oder Sprechanlässe genutzt, in Kombination mit Lerntipps und Lernstrategien in farblich markierten Texten. Diese Seiten bereiten nicht nur auf die Prüfungen vor, sondern unterstützen auch die Lernerautonomie und Handlungskompetenz im Alltag (z. B. selektives Lesen um die wichtigen Informationen aus schwierigen Texten zu erfassen). Zusätzlich gibt es jedoch auch die Modulseiten, die nach Abschluss jedes Moduls (drei Lektionen) analog zu den Magazin- und Projektseiten im Kursbuch folgen. Auf den Seiten mit den Titeln „Im Alltag", „In der Familie" oder „Im Beruf" werden die Lernziele des Curriculums des Gemeinsamen Europäischen Referenzrahmens noch einmal aufgegriffen. Gleichzeitig orientieren die Texte und Übungen auf den Seiten sich jedoch stark an der Lebenswirklichkeit in den D-A-CH-Ländern. Exemplarisch möchte ich an dieser Stelle die Seite „Im Alltag:

Einen Streckenfahrplan verstehen" kurz näher erläutern (Arbeitsbuch zur Niveaustufe A 2.1, S. 50). Die Teilnehmer sehen als visuelle Hilfe den Streckennetzplan der Kölner Verkehrsbetriebe. Zu diesem Plan gibt es zwei Aufgaben. In Aufgabe 1 sollen die Teilnehmer bestimmte Ziele auf dem Plan ausfindig machen und herausfinden, welche Bahnlinien diese anfahren. In der zweiten Aufgabe gibt es zwei Teilaufgaben. In Teilaufgabe a) lesen die Teilnehmer fünf Beispiele und müssen die passende Bahnverbindung heraussuchen, inkl. Umsteigeoptionen. Was bis hierin vorentlastet wurde durch den visuellen Linienplan und die Verbindungsbeispiele, soll nun in Teilaufgabe b) in Form einer kommunikativen Übung angewandt werden. In einem farblich markierten Kasten finden die Teilnehmer die erforderlichen Redemittel, mit denen sie dann die Wege aus Teilaufgabe a) erklären müssen. Als Sozialform eignet sich Einzel- oder Partnerarbeit, ggf. auch eine Gruppenarbeit.

Zusammenfassend lässt sich sagen, dass sich in der Lehrwerkreihe „Menschen" in jeder Lektion viele Beispiele für handlungsorientierte Aufgaben finden lassen.

### 4. Arbeitsblatt/Analyse von Unterrichtsmaterial

### Analyse von Unterrichtsmaterial – persönliche Einschätzung

Anhand der obigen, exemplarischen Analyse des Aspekts „Handlungsorientiertes Lernen" in der Lehrwerkreihe „Menschen", kann ich feststellen, dass die Reihe dieser Anforderung des DaZ-Unterrichts gerecht wird. Die Kursbücher wie auch die Arbeitsbücher und Lehrerhandbücher sind stark handlungsorientiert ausgerichtet und bieten zahlreiche Möglichkeiten für einen aktiven und alltagsnahen Unterricht. Die Lehrwerke sind sehr aktiv und teilnehmerorientiert gestaltet. Dadurch werden im Unterricht viele Ergebnisse produziert, die einen tatsächlichen Gebrauchswert haben und von den Teilnehmern direkt in ihrem Alltag angewandt werden können. Durch die breite Vielfalt an größeren und kleineren Projekten, Gruppenarbeiten und Partnerarbeiten werden das soziale Handeln und die Lernerautonomie gefördert. Über die Aufbereitung der Themen und die Abwechslung in den Sozialformen, ebenso wie die spielerischen und kreativen Elemente kann das Interesse der Teilnehmer geweckt werden. Aber auch durch die Möglichkeit mit den Online-Materialien oder der Lerner-DVD zu arbeiten, ist der Unterricht ganzheitlich gestaltet. Das alles macht handlungsorientiertes Lernen aus.
Allein die Lerntipps könnten sprachlich einfacher gestaltet sein, da ich sie teilweise als zu komplex empfinde.
Zusammenfassend kann ich sagen, dass ich bisher mit den Lehrwerken sehr zufrieden bin und kaum auf externe Materialien zurückgreife. In Ergänzung mit den Testtrainern und dem aktuellen Unterrichtsservice (www.hueber.de/seite/pg_lehren_-service_mns) ist umfassend Material vorhanden, um wenn nötig, Inhalte zu wieder-

holen oder zu ergänzen. In der Regel sind die zusätzlichen Anregungen in den Lehrerhandbüchern sowie die zahlreichen Kopiervorlagen jedoch vollkommen ausreichend.

## II Die Teile des Portfolios – Abschließender Teil

**Selbsteinschätzung bezüglich der Lernerfahrungen**

### 1. Lernziele und Lerninhalte der ZQ

Als ich vor einigen Wochen an der ZW teilnahm, unterrichtete ich bereits meinen zweiten Sprachkurs und hatte mit meinem Jugendintegrationskurs gerade da Sprachniveau A 1 abgeschlossen. Dank des umfassenden und detaillierten Lehrerhandbuchs der Reihe „Menschen", war mein Unterricht bereits recht solide strukturiert und entsprach den grundlegenden Anforderungen des DaZ-Unterrichts. Dennoch war ich in manchen Situationen unsicher und habe mehr nach Bauchgefühl gehandelt als nach fundiertem Wissen. Gerade im Bereich Didaktik blieb mir nicht viel mehr, als meine eigenen Erfahrungen als Lernende abzuleiten und auf die Teilnehmer zu übertragen. Daher erhoffte ich mir grundlegend zwei Dinge von der ZQ:

a) Die Erweiterung meines Wissens zu den Grundlagen des DaZ-Unterrichts über die rudimentären und bereits einige Jahre in der Vergangenheit liegenden Grundkenntnisse hinaus. Es ist eine Sache, sich an einem detaillierten Lehrerhandbuch zu orientieren und damit einen soliden Unterricht zu gestalten und noch einmal etwas ganz anderes, wirklich zu verstehen, was man da macht und warum.

b) Ebenfalls hoffte ich, viele didaktische „Tricks" und Handlungsempfehlungen mit auf den Weg zu bekommen, um meinen Unterricht noch strukturierter und nachhaltiger zu gestalten. Ich war zwar lange Jahre Sprachlerner, aber nie in dieser Form Sprachlehrer. Häufig erläuterte ich meinen Teilnehmern etwas mit aufwändigen Tafelbildern, Mimik und Gestik und etlichen Beispielen – und hatte am Ende doch das Gefühl, dass es nicht ganz angekommen ist. Gerade die Art und Weise, wie man induktiv Grammatik vermittelt, war mir zwar aus dem Lehrerhandbuch bekannt, allerdings waren mir die Hintergründe unbekannt. Es hat zwar funktioniert, aber etwas nach Anleitung zu tun ohne dabei zu wissen, was man tut und etwas nach Anleitung zu tun, das man auch verstanden hat, sind zwei grundlegend verschiedene Dinge.

Gleichzeitig war ich aber auch gespannt auf die Erfahrungen meiner Kursleiter-Kollegen und erhoffte mir viele spannende Einblicke in deren Unterrichtsgestaltung, eine „Hospitation to go" quasi.

### 2. Welche Lernziele und Lerninhalte der Zusatzqualifizierung waren für Sie besonders wichtig und aufschlussreich?

Ganz besonders wichtig war mir, herauszufinden, wie ich die Teilnehmer im Unterrichtsgeschehen optimal verbessern kann. Da jeder Teilnehmer einen sehr individuellen Wissensstand hat und Gelerntes unterschiedlich schnell und gut umsetzen kann, fällt die Heterogenität des Sprachniveaus vor allem bei offenen und halboffenen Übungen auf. Da stellte sich mir häufig die Frage: Wie korrigiere ich richtig? Es ist entmutigend, wenn jeder Satz, den man als Teilnehmer spricht oder schreibt von der Kursleitung korrigiert wird und führt im schlimmsten Fall dazu, dass der Teilnehmer die Motivation verliert oder sich nicht mehr traut, aktiv am Unterrichtsgeschehen teilzunehmen.

Ebenso war es mir wichtig zu erfahren, wie ich neue Strukturen am besten vermittle, so dass sie sich möglichst nachhaltig ins Gedächtnis der Teilnehmer einprägen. Zuvor habe ich mir zwar an der induktiven Grammatikvermittlung des Lehrerhandbuchs orientiert, die Wichtigkeit und Nachhaltigkeit einer selbst formulierten Regel war mir jedoch nicht klar – obwohl ich das als Sprachlerner selbst ganz genauso gemacht habe.

Man könnte sicherlich auch sagen, dass es ein persönliches Lernziel war, ganz allgemein mehr Sicherheit im Unterricht zu gewinnen. Das bezieht sich auf viele Kleinigkeiten. Es war mir von Anfang wichtig, mir im Unterricht viel Zeit für die Semantisierung und Wiederholung von Strukturen zu nehmen. Ich habe jedoch erst in der ZQ wieder wirklich begriffen, wie wichtig das ist und dass ich dabei keineswegs „Zeit verplempere", sondern genau das tue, was den nachhaltigen Spracherwerb fördert.

3. <u>Welche Erfahrungen haben Sie bisher mit der Umsetzung der Lernerträge aus der Zusatzqualifizierung im eigenen Unterricht gemacht? Welche Fragen haben sich ergeben?</u>

Da die ZQ abends und am Wochenende stattfand, konnte ich neu gewonnene Erkenntnisse und Anregungen quasi direkt am nächsten Tag in meinen Unterricht einfließen lassen. Ein gutes Beispiel hierfür ist die Korrektur von Fehlern, besonders mündlicher Natur. Wie bereits erwähnt, war ich vor der ZQ relativ unsicher, wie ich bei mündlichen Fehlern am besten vorgehen soll. In einer Stunde hatten wir jedoch genau dieses Thema und da ich am nächsten Vormittag unterrichtete, konnte ich das neu erworbene Wissen direkt ausprobieren. Wichtig für mich war, dass ich gar nicht erst versuchen brauche, alles auf einmal zu verbessen, sondern mich individuell bei jedem Teilnehmer auf sein Sprachniveau und seinen „größten" Fehler konzentrieren kann. So hat einer meiner Teilnehmer bspw. große Probleme mit konjugierten Verben. Er spricht zwar in der richtigen Person, konjugiert das Verb allerdings nicht. Er spricht also quasi im Infinitiv. Ich habe direkt am nächsten Tag begonnen, bei ihm alle anderen Fehler zu ignorieren und mich bei sprachlichen Äußerungen in offenen Sprechübungen lediglich auf diesen Punkt zu konzentrieren. Dabei habe ich seine Aussagen oft als Frage mit der korrigierten Form wiederholt. Ein erster Lernerfolg war bereits nach wenigen Tagen deutlich sichtbar.

Aber auch die Vorbereitung meines Unterrichts gestaltet sich jetzt anders. Wo ich vorher dachte, es müssten immer auch Strukturen behandelt werden, habe ich in der ZQ gelernt, dass jedes alltagsnahe und handlungsorientierte Sprechen auch eine

Stunde füllen kann und es bei Weitem nicht nur darauf ankommt Grammatik zu vermitteln. Der Lerneffekt bei offenen und halboffenen Übungen, egal ob im Rahmen der kombinierten Fähigkeiten Hören und Sprechen oder Lesen und Schreiben, ist immer enorm hoch. Allerdings ist es auch wichtig, den Teilnehmern das entsprechende Feedback zu geben, so dass sie an Schwachstellen arbeiten können.

Ebenfalls würde ich sagen, dass ich meine Teilnehmer noch mehr dazu anrege, selbst Vermutungen zu Strukturen anzustellen und deutlich gelassener bin, wenn jemand etwas nicht im ersten Anlauf versteht. Denn man vergisst nur zu leicht, wie viel Input jeder Kurstag für die Teilnehmer ist.

Konkrete Fragen haben sich durch die Umsetzung der ZQ-Inhalte in meinem Unterricht bisher nicht ergeben.

4. <u>Welche Kenntnisse/ Erkenntnisse haben Sie erworben oder erweitert? Welche Anregungen und Ideen haben Sie bekommen?</u>

Gerade was mein Verständnis für die Abfolge von Übungen und Aufgaben betrifft, hat mir die ZQ sehr geholfen. Oftmals sind die letzten Übungen einer Lektion, die auf den ersten Blick nicht ganz so wichtig sind, tatsächlich dann aber die, bei denen das Gelernte in vollem Umfang angewandt werden kann. Seit der ZQ betrachte ich bei den Lektionen daher stärker das große Ganze, als die einzelne Übung. Das kommt natürlich daher, dass mir nun Methoden und Ansätze des DaZ-Unterrichts viel klarer sind als zuvor. Auch das Lehrerhandbuch lese ich nun ganz anders. So manche Kopiervorlage, die mir vor der ZQ noch eher überflüssig erschien oder fast schon als „Zeitverschwendung", weiß ich nun zu schätzen, da sie entweder eine Aufgabe zusätzlich vorentlastet oder aber auf das eigentliche Lernziel der Lektion hinführt.

Wie bereits erwähnt, lasse ich die Teilnehmer nun noch verstärkter eigene Regeln für Strukturen entwickeln und rege aktiver dazu an, diese dann auch aufzuschreiben, so dass sie bei Bedarf nachgeschlagen und wieder ins Gedächtnis gerufen werden können.

Ich konnte viele Anregungen mitnehmen, wie bspw. die Gruppenbildung abwechslungsreicher gestaltet werden kann. Auch wenn unser Kursraum leider nicht der größte ist und wir platztechnisch recht eingeschränkt sind, gibt es verschiedene Möglichkeiten, neue Paare zu bilden oder in Gruppen zusammenzuarbeiten, die die Teilnehmer dann auch bereitwillig umsetzen. Eine wirklich schöne Idee fand ich die Wimmelspiele. Dabei bekommen die Teilnehmer eine kleine Aufgabe oder einen Redeanlass und müssen mit vielen verschiedenen Teilnehmern sprechen, um die Aufgabe abzuschließen.

Grundsätzlich kann ich auch sagen, dass ich deutlich mehr Freude an Gruppenarbeit habe und diese durch die Informationen aus dem Seminar auch weitaus besser funktioniert als davor.

Auch der Einblick in andere Lehrwerke war sehr hilfreich, da man nun die Stärken und Schwächen der verschiedenen Lehrwerke kennt und bei Bedarf auf bestimmte

Teile und Übungen zurückgreifen kann, die bei anderen Bänden evtl. gelungener bzw. für den eigenen Kurs geeigneter erscheinen.

5. Woran wollen Sie weiterarbeiten? – Benennen Sie Ziele und Maßnahmen, die Sie im Rahmen Ihrer weiteren beruflichen Tätigkeit für wichtig halten. Wie wollen Sie die Erkenntnisse aus dem Seminar künftig weiterentwickeln? Worauf werden Sie in Zukunft als DaZ-Lehrkraft in der beruflichen Praxis besonders achten?

Das Seminar hat mir mehr Sicherheit in meinem Unterrichtsalltag gegeben, da ich nun die Hintergründe besser verstehe. Ebenfalls sehr hilfreich waren verschiedene Ansätze für eine abwechslungsreiche Unterrichtsgestaltung und Gruppenarbeit.
Ich verstehe es jedoch als ersten Schritt. In Zukunft werde ich mich noch aktiver auch mit anderen Unterrichtsmaterialien befassen und mutiger auch „lehrwerksfremde" Inhalte miteinfließen lassen, wenn ich es für nötig erachte.
Ebenfalls möchte ich, um mir weitere Anregungen zu holen, aber auch um ein regelmäßiges Feedback zu meinem eigenen Unterricht zu haben, häufiger bei Kollegen hospitieren bzw. die zur Hospitation einladen. So denke ich, dass ich die Erkenntnisse aus dem Seminar in Zukunft gut weiterentwickeln kann.
Grundsätzlich merke ich schon jetzt, dass ich viel mehr Fachwissen im Hintergrund habe und auf viel mehr Kleinigkeiten beim Unterrichten achte. Das beginnt bei der Unterrichtsvorbereitung und geht bis zur Fehlerkorrektur im Unterricht.
Aber auch die Handouts, die im Rahmen des Seminars zu jeder Unterrichtseinheit verteilt wurden sind ein tolles Nachschlagewerk, auf das ich tatsächlich häufig zurückgreife. Einige Werke aus den Quellenangaben habe ich bereits in der Bibliothek entliehen und ich bin recht zuversichtlich, dass ich so auch noch einmal etwas dazulernen werde.

6. Wie schätzen Sie allgemein Ihren Lernfortschritt ein?

Ich denke, ich kann sagen, dass mir die ZQ wirklich sehr viel gebracht hat. Auch wenn die Entscheidung, sie parallel zum normalen Alltag in Form eines Abend- und Wochenendseminars zu absolvieren doch eine größere Herausforderung darstellte, hatte ich nun nach und nach die Möglichkeit, alle Inhalte beim Schreiben des Portfolios noch einmal zu rekapitulieren. Dabei habe ich festgestellt, dass doch sehr viel Wissen hängengeblieben ist. Gleichzeitig machte sich die Teilnahme an der ZQ bereits vom ersten Tag an in meinem Unterricht bemerkbar. Mein Ziel war es, mehr Struktur und Sicherheit zu gewinnen. Meinem Gefühl nach, konnte ich dieses Ziel erreichen. Ich kann nun viel leichter unterscheiden, welche Aufgaben meine Teilnehmer weiterbringen, welche ich noch zusätzlich vorentlasten muss oder wo ich sogar ein wenig mehr als das Kursbuch von ihnen verlangen kann. Auch habe ich das nötige Handwerkszeug gelernt, besser auf die individuellen Bedürfnisse der Teilnehmer einzugehen. Damit meine ich nicht explizit eine noch verstärktere

Binnendifferenzierung. Es geht vielmehr darum, Stärken und Schwächen von Teilnehmern besser einzuschätzen und sinnvoll in den Unterricht zu integrieren. So binde ich Teilnehmer nun zum Beispiel viel stärker nach ihren Stärken und Schwächen in meinen Unterricht mit ein. Ebenso kann ich viel entspannter damit umgehen, dass bestimmte Strukturen einfach länger brauchen, bis sie wirklich verinnerlicht sind und dass jeder Teilnehmer ein eigenes Lerntempo hat. Das hat mich zu Beginn meiner Lehrtätigkeit schon ein wenig unter Druck gesetzt.

Durch die Vermittlung eines wirklich umfangreichen Fachwissens und zahlreicher Anwendungsbeispiele habe ich definitiv große Fortschritte gemacht. Aber wie heißt es so schön: Man lernt nie aus.

# BEI GRIN MACHT SICH IHR WISSEN BEZAHLT

- Wir veröffentlichen Ihre Hausarbeit,
  Bachelor- und Masterarbeit

- Ihr eigenes eBook und Buch -
  weltweit in allen wichtigen Shops

- Verdienen Sie an jedem Verkauf

## Jetzt bei www.GRIN.com hochladen und kostenlos publizieren